Laura Theresa Glassl

# Die Reportage

*Eine besondere & einzigartige journalistische Textsorte*

Bibliografische Information der Deutschen Nationalbibliothek: Die Deutsche Nationalbibliothek verzeichnet diese Publikation in der Deutschen Nationalbiblio-
grafie, detaillierte bibliografische Daten sind im Internet über
http://dnb.dnb.de abrufbar.

© 2015 Laura Theresa Glassl
Herstellung und Verlag:
BoD – Books on Demand, Norderstedt

*ISBN: 978-3-7347-3602-5*

# Inhalt

Um eine flüssige Lesbarkeit zu gewährleisten, wird in den folgenden Ausführungen ausschließlich die weibliche Form verwendet. Angesprochen sind jedoch Männer und Frauen.

# 1 Einleitung

Definitionen der journalistischen Textsorte „Reportage" gestalten sich oft vage und verwirrend. Sogar manche Journalistinnen, die in ihr häufig eine Möglichkeit der *„Selbstverwirklichung"*[1] sehen, verkennen ihren wahren Charakter und ihre besondere Funktion. Dabei würde gerade dieses Wissen eine Charakterisierung der Reportage und ihrer Merkmale ermöglichen.[2]

Aus diesem Grund wird es im nachfolgenden Text um die Charakteristika und Besonderheiten der Reportage im Zeitungsjournalismus gehen.

Der Fokus liegt auf der Frage, worin die Hauptfunktion der Reportage besteht und mit welchen besonderen Mitteln eine Reporterin arbeiten muss, um dieses Ziel zu erreichen.

Im ersten Kapitel wird die aktuelle Position der Reportage in der deutschen Medienlandschaft beleuchtet. In Kapitel 2 folgt eine funktionale Einordnung, in der die wichtigsten Ziele der Reportage als Vermittlungsmedium geklärt sowie auch die grundlegenden Voraussetzungen dafür genannt werden.

Darauf aufbauend werden in Kapitel 3 die funktionalen, inhaltlichen und sprachlichen Merkmale sowie Unterschiede der szenischen und faktischen Textebenen der Reportage dargestellt.

---

[1] Haller, 2006, 73. Hervorhebung im Original.
[2] Vgl. Haller, 2006, S.72f.; Fey/Schlüter, 2006, S.22.

In Kapitel 4 stehen Einstieg und Schluss der Reportage im Mittelpunkt. Zunächst werden die Merkmale und Funktionen dieser zentralen Bestandteile der Reportage beschrieben. Vor dem Hintergrund dieser Kriterien werden im Anschluss daran der Einstieg und der Schluss von drei Reportagen aus der Stuttgarter Zeitung analysiert.

Kapitel 5 ist der zielversprechenden Auswahl und den Möglichkeiten der Strukturierung faktischer und szenischer Inhalte gewidmet.

Im Rahmen eines Vergleichs mit den ihr nahe verwandten Textsorten, werden in Kapitel 6 die unverwechselbaren Merkmale der Reportage nochmals hervorgehoben.

# 2 Reportage in der Zeitung

Christoph Fasel nennt sie „die Königsdisziplin des Journalismus. Die Krone, um die Journalisten ringen. Ihre Autoren sind die Stars der Branche."[3]

Dementsprechend werden auch mit dem „Egon-Erwin-Kisch-Preis" und dem „Theodor-Wolf-Preis" die namhaftesten Auszeichnungen für Journalistinnen in der Kategorie Reportage verliehen.[4]

Und trotzdem: Nur in wenigen deutschen Tageszeitungen sind Reportagen ein fester Bestandteil des Textsortenrepertoires. Stattdessen dominieren kürzere Textsorten, beispielsweise die Nachricht, um die Leserinnen über aktuelle Themen und Ereignisse zu informieren.

Eine Ausnahme ist die „Süddeutsche Zeitung", die der Reportage sogar einen festen Platz auf Seite 3 gewährt.[5]

Auch in der „Stuttgarter Zeitung" erscheint, dank ihrem Gründer und Chefredakteur Michael Ohnewald, an sechs Tagen in der Woche eine

---

[3] Fasel, 2008, S. 82.
[4] Vgl. Fasel, 2008, S.82.
[5] Vgl. Fey/Schlüter, 2006, S.22.

Reportage, die der Leserin neue, spannende Zugänge und Informationen zu verschiedenen lokalen Themen bietet.[6]

Es handelt sich hierbei um „Qualitätsjournalismus"[7], was sich an den positiven Reaktionen der Leserinnen und den zahlreichen Preisen zeigt, mit denen die „Reportagenseite" der Stuttgarter Zeitung schon geehrt wurde.[8]

Das spricht eindeutig für die Reportagen in der „Stuttgarter Zeitung" und allgemein für diese journalistische Textsorte mit ihrer ganz spezifischen Funktion, ihren besonderen Merkmalen und Herangehensweisen an verschiedene Themen.

---

[6] Vgl. (o.V.): Wie die Reportagen-Seite der Stuttgarter Zeitung entstand. URL: http://www.anstageslicht.de/themen/themenkategorien/geschichtenansicht/ka pitelansicht/kat/stuttgarter-reportagen/story/die-stuttgarter-reportagen/kapitel/wie-die-reportagen-seite-der-stuttgarter-zeitung-entstand-1.html (zuletzt abgerufen: 23.02.2015).

[7] Ebd.

[8] Vgl. ebd.

# 3 Ziele und Voraussetzungen

## Was will und soll die Reportage?

Die Reportage gehört, wie die Nachricht, das Feature, die Magazingeschichte und der Bericht, zu den objektiven informations- und tatsachenbezogenen journalistischen Darstellungsformen. Diese Textsorten haben die primäre Funktion, Informationen über verschiedene Themen und Ereignisse zu informieren.

Als vorwiegend erzählende journalistische Textsorte zeichnet sich die Reportage jedoch durch eine ganz besondere Art der Vermittlung von Informationen aus.[9]

Da es grundsätzlich schwer ist, die Textsorte „Reportage" eindeutig zu definieren, unternimmt Michael Haller den Versuch einer Definition anhand dieser spezifischen Vermittlungsfunktion.[10]

Schon die großen traditionellen Typen der Reportage, der „Reisebericht" und der „Augenzeugenbericht"[11] haben das grundlegende Ziel, das die moderne Reportage heute verfolgt: Die Leserin am Geschehen „teilhaben zu lassen."[12] Sie soll nicht nur informiert, sondern auch näher an ein

---

9 Vgl. Fey/Schlüter, 2006, S.22f; Haller, 2006, S.107; Fasel, 2008, S.82ff.
10 Vgl. Haller, 2006, S.72ff.
11 Haller, 2006, S.34.
12 Ebd.

Thema herangeführt werden. Sie soll sich in Situationen und Menschen einfühlen und sich mit ihnen identifizieren können.[13]

Der Leserin soll ein bisher unbekannter, unverständlicher oder ungewöhnlicher Aspekt eines Themas, eine bestimmte Botschaft oder „Quintessenz"[14], nahegebracht werden.

Durch das Mittel der sprachlichen Gestaltung überwindet die Reporterin hierfür „soziale und/oder räumliche Distanzen sowie institutionelle und/oder psychologische Barrieren"[15] und macht diese für die Leserin verstehbar.

Mit dieser Vermittlungsfunktion vereinigt die moderne Reportage als „Augenzeugenreise"[16] die Merkmale des erzählenden „Reisebericht(s)" und des über aktuelle Ereignisse informierenden „Augenzeugenbericht(s)"[17][18]

## Wie wird das Ziel erreicht?

Um eine Reportage zu schreiben, die dieser besonderen Art der Themenvermittlung gerecht wird, muss die Reporterin einiges leisten.

---

[13] Vgl. Haller, 2006, S.34ff.
[14] Haller, 2006, S. 153.
[15] Haller, 2006, S.40.
[16] Haller, 2006, S.109.
[17] Haller, 2006, S.34.
[18] Vgl. Haller, 2006, S.34ff.;S.40; S.109; S.153f.

12

Die Reporterin benutzt das „vollständige Instrumentarium der journalistischen Recherche"[19]. Sie wertet Quellen aus, befragt Menschen und ist vor allem, ganz nach „journalistische(r) Tradition"[20], als Augenzeugin an dem Ort anwesend, an dem das Ereignis oder Erlebnis, von dem sie erzählt, tatsächlich stattfindet.[21]

Ausschlaggebend für die Themenwahl ist zum einen, dass sich die Reporterin selbst dafür interessiert und zum anderen ein zu erwartendes Interesse seitens der Leserinnen. Beinhaltet das Thema beispielsweise einen zwischenmenschlichen Konflikt, der sich gut aus einer neuen Perspektive darstellen lässt, sind die Chancen groß, dass es in einer Reportage Anklang findet.

Nachdem die Reporterin ein spannendes und reizvolles Thema mit neuen, konfliktreichen Aspekten und möglichen Hauptpersonen auserkoren hat, besteht ihre Arbeit zunächst aus dem Sammeln und Recherchieren von Materialien, die später Bestandteil der Reportage werden könnten.[22]

Einerseits muss sie sich in Archiven oder im Internet über Fakten zu ihrem Thema und über Lebensläufe möglicher Hauptpersonen informieren. Andererseits muss sie sich Informationen über den Ort, den sie zu besuchen beabsichtigt, einholen und sich über mögliche Umstände

---

[19] Fasel, 2008, S.86.
[20] Haller, 2006, S,29.
[21] Vgl. Fasel, 2008, S.86ff; Haller, 2006, S.29ff.
[22] Vgl. Fey/Schlüter, 2006, S.31ff; Fasel, 2008, S.86ff.

und Bedingungen sowie über Kontaktmöglichkeiten zu Personen in Kenntnis setzen lassen.[23]

Am Ende einer gründlichen Vorarbeit ist sie sich sowohl über Hintergrundinformationen als auch einen besonderen Aspekt ihres Themas im Klaren und weiß, welchen Ort sie wann besuchen und aus welcher Perspektive sie das Geschehen betrachten muss. Demnach hat sie einen Zugang zu ihrem Thema gefunden und besitzt eine Vorstellung davon, wie sie es entsprechend umsetzen kann.

Dieses Wissen nützt ihr schließlich für eine gezielte Recherchearbeit vor Ort, indem sie zum Beispiel schon weiß, welche Personen wichtig sein könnten. Infolgedessen kann sie sich ganz auf detaillierte Beobachtungen konzentrieren und viel Material sammeln, das sie später auswählt, strukturiert und, ganz im Sinne der „literarische(n) Tradition"[24], in einer schildernden sowie beschreibenden Erzählsprache erlebbar vermittelt.[25]

---

[23] Vgl. Haller, 2006, S.113ff; Fasel, 2008, S.86f.
[24] Haller, 2006, S.18.
[25] Vgl. Haller, 2006, S.18ff; S.141f; S.136f.

# 4 Textebenen

Die Reportage ist eine tatsachenorientierte Textsorte und „im Kern eine Nachricht"[26]. Infolgedessen ist die Reporterin dazu verpflichtet, sich nicht nur bei den Hintergrundinformationen, sondern auch bei der Schilderung ihrer Erlebnisse vor Ort, auf wahre und informative Tatsachen zu beziehen. Doch sie vermittelt diese Informationen auf verschiedenen Textebenen der Reportage, die sich aufgrund ihrer jeweils spezifischen Funktion durch eine sehr gegensätzliche Sprache auszeichnen.[27]

## Szenische Ebene

Die szenische Textebene bildet den charakteristischen Schwerpunkt einer Reportage.[28] Inhaltlich ist sie einerseits durch den von der Reporterin gewählten Blickwinkel bestimmt. Andererseits ergibt sich der Inhalt aus den Ereignissen, Handlungen und Personen, die sie am Ort des Geschehens aus dieser Perspektive beobachtet. Nur durch einen derartigen, an der Besonderheit ihres Themas ausgerichteten und auf jegliche Details konzentrierten Besuch vor Ort, ist die Reporterin später dazu in der Lage, ihre Beobachtungen in einer authentischen Erzählsprache wiederzugeben. Mit der Folge, dass Bilder dazu im Kopf der

---

[26] Fey/Schlüter, 2006, S.22f.
[27] Vgl. Fey/Schlüter, 2006, S.22f.
[28] Vgl. Fey/Schlüter, 2006, S.87f.

Leserin entstehen und diese das Gefühl entwickelt, selbst Beobachterin und Mitfühlende gewesen zu sein.[29]

Um als „Auge des Lesers"[30] so viele Details wie möglich aufzunehmen, muss die Reporterin nicht nur aufmerksam beobachten. Wichtig sind auch das Fühlen sowie die Wahrnehmung von Geräuschen oder Düften.[31]

So können beispielsweise Empfindungen, die die Reporterin bei der Begrüßung der Hauptperson wahrnimmt, ein wichtiger Bestandteil der Reportage werden. Wie zum Beispiel in der Einstiegsszene der Reportage „Schwester Courage". Diese beginnt mit der Beschreibung „Der Händedruck ist fest, (...)" (Z.6).[32]

Eine besonders wachsame und genaue Beobachtung der Personen, die in der Geschichte eine Rolle spielen sollen oder möglicherweise spielen werden, ist unabdingbar, um diese später präzise beschreiben zu können. Außerdem versprechen agierende und detailliert beschriebene Personen das Interesse der Leserin, Lebendigkeit und eine erfolgreiche Vermittlung der besonderen Botschaft/Quintessenz. Sie werden zu einem „Objekt der Identifikation"[33] und der an ihrem Einzelschicksal verdeutlichte Konflikt

---

[29] Vgl. Fey/Schlüter, 2006, S.24.
[30] Fasel, 2008, S.84.
[31] Vgl. Fasel, 2008, S.84.
[32] Beispielreportage 2, im Anhang, S.64.
[33] Fey/Schlüter, 2006, S.36.

wird für die Leserin verstehbar.[34] Durch die Darstellung der individuellen Schicksale der drei Hauptpersonen, werden beispielsweise in der Reportage „Schatten im Blick"[35] die Folgen des Polizeieinsatzes im Stuttgarter Schlossgarten verdeutlicht. Wichtig sind hier auch die persönlichen Aussagen dieser Personen über sich und ihre Erlebnisse, um der Leserin später ein Gefühl von Nähe zu den Personen und infolgedessen auch zum Thema vermitteln zu können.[36]

Wenn die Reporterin ihre zuvor gewählte Perspektive einnimmt, verhält sie sich wie die Führerin der Kamera bei Dreharbeiten zu einem Film.[37] So muss sie sich nicht auf einen Blickwinkel festlegen, sondern kann die Ereignisse auch abwechselnd aus mehreren Perspektiven betrachten:

Sie kann von der Erzählperspektive der Beobachterin zur Perspektive einer Beteiligten oder auch zu einer Erzählerin mit Insiderwissen wechseln. Beteiligte wird sie beispielsweise, wenn sie in eine andere Rolle schlüpft und von ihren Eindrücken und Erlebnissen berichtet. Die Reporterin verfügt über Insiderwissen, wenn sie Aussagen von Personen zitiert oder Mutmaßungen darüber anstellt, wie eine Akteurin ein bestimmtes Erlebnis bewerten oder einordnen könnte.

---

[34] Vgl. Fey/Schlüter, 2006, S.19f.; S.36f.
[35] Beispielreportage 1, im Anhang, S. 55-62.
[36] Vgl. Fey/Schlüter, S.42ff.
[37] Vgl. Fasel, 2008, S.85.

Ebenso ist ein Wechsel der Beobachterperspektive, auch im Zusammenhang mit verschiedenen Handlungsorten und der Wahl mehrerer Hauptpersonen, die sich durch Gemeinsamkeiten oder Gegensätze auszeichnen, möglich. Wie zum Beispiel in der Reportage „Schatten im Blick" von Nicole Höfle.[38]

Grundsätzlich muss sich die Reporterin überlegen, welche Perspektive zu dem besonderen Aspekt ihres Themas passt. Die Wahl eines eher außergewöhnlichen Blickwinkels oder der Wechsel zwischen verschiedenen Perspektiven ist beispielsweise bei nicht sehr außergewöhnlichen Themen wichtig, um die Spannung der erzählten Geschichte zu steigern.[39]

## Die Sprache auf der szenischen Ebene

Für eine authentische, lebendige und spannende sowie verständliche Darstellung ihrer Erlebnisse und Beobachtungen, muss die Reporterin Details und Sinneseindrücke in einer konkreten, verständlichen Sprache beschreiben.

Insbesondere treffend gewählte Substantive und Adjektive können eine dementsprechend aussagekräftige Wirkung haben. Substantivierungen

---

[38] Siehe „Analyse", S.28-31; Beispielreportage 1, im Anhang, S.55-62.
[39] Vgl. Fey/Schlüter, 2006, S.63ff; Bucher, 1986, S.134.

hingegen sollten besser durch ebenfalls aussagekräftige und starke Verben in kürzere Begriffe aufgelöst werden.[40]

Um die Spannung zu erhöhen und zu halten ist es zudem wichtig, die Szenen in eine lebendige und abwechslungsreiche Sprache zu verpacken. Dafür arbeitet die Reporterin etwa mit sprachlichen Kontrasten, beispielsweise mit einem Wechsel zwischen kurzen und langen Sätzen oder umgangssprachlichen und standardsprachlichen Ausdrücken. Bei den Verben erhöht ein Wechsel der Tempi die Spannung und löst bei der Leserin Gefühle der Nähe oder Distanziertheit aus. Das Präsens signalisiert Nähe, Aktualität und Geschwindigkeit, während das Imperfekt Distanziertheit und Langsamkeit vermittelt. Ebenso wirken mehrere kurze Sätze spannungs- und temposteigernd, während lange Sätze der Leserin eine „Atempause" verschaffen.[41]

Oft ist auch ein Kontrast zwischen dem Inhalt und dem sprachlichen Ausdruck notwendig, um die Geschichte so zu erzählen, dass die Leserin sie nacherleben kann. Bei einem von sich aus schon spannenden Inhalt ist es eine ruhige Sprache, die die Situation besser vermittelt. Dagegen ist eine besonders abwechslungsreiche Erzählsprache wichtig, wenn das Thema eher alltäglich und selbst nicht so spannend und erlebnisstark ist.[42]

---

[40] Vgl. Fey/Schlüter, 2006, S.96ff.
[41] Vgl. Fey/Schlüter, 2006, S.65; S.98ff.
[42] Vgl. Fey/Schlüter, 2006, S.116ff.

Um den Menschen, die dem thematisierten Konflikt ausgesetzt sind, Authentizität zu verleihen, ist eine ausdrucksstarke Schilderung der beobachteten Details und Handlungen unabdingbar. Erst durch eine detaillierte, unverwechselbare Beschreibung ihrer Optik, Mimik und Gestik sowie eine konkrete Schilderung ihrer Handlungen, wird eine Person in der Reportage lebendig und einzigartig. Auch ausdrucksstarke oder alltagssprachliche sowie metaphernreiche Zitate fördern die Authentizität und betonen wichtige Aspekte.[43]

In der Reportage kommen Personen nicht nur durch die direkte Rede, sondern auch durch die indirekte Wiedergabe ihrer Aussagen oder Meinungen zu Wort. Das geschieht durch das sprachliche Mittel der Kolportage. Kolportagen sind Aussagen oder Erzählungen von Individuen oder beispielsweise Stimmungen in den Medien, von denen sich die Autorin distanzieren möchte. Entweder weil sie nicht weiß, ob der Inhalt dieser Äußerungen der Wahrheit entspricht, oder weil sie ihre Neutralität in der Reportage wahren möchte und muss. Sprachlich ist diese Distanzierung mit der indirekten Rede, dem Konjunktiv, gekennzeichnet.[44]

---

[43] Vgl. Fey/Schlüter, 2006, S.109; Haller, 2006, S.162f.; S.187.
[44] Vgl. Haller, 2006, S.171f.

Eine Kolportage ist beispielsweise in der Reportage „Schatten im Blick" zu finden. So möchte sich die Autorin Nicole Höfle von Dietrich Wagners „Demokratietheorien" (Z. 25-31)[45] distanzieren.

Auch das Einsetzen verschiedener sprachlicher Stilmittel auf der szenischen Ebene, wie etwa Metaphern, Wortspiele oder Synonyme, können sich positiv auf die Spannung, die Authentizität und die Entstehung von Assoziationen auswirken. Dennoch ist bei der Verwendung solcher Stilmittel Vorsicht angebracht, da sie schnell nicht gewollte und falsche Assoziationen und Bilder auslösen können. Begriffe wie „Ethnische Säuberung", „Verbrüderung" oder die ausschließliche Verwendung der maskulinen Form bei Personenbezeichnungen sind mit bestimmten Herrschaftsverhältnissen und Klischees verbunden. Davon muss sich die Reporterin in der Reportage eindeutig lösen beziehungsweise emanzipieren, indem sie einen „treffenden Sprachausdruck"[46] wählt.[47]

Außerdem ist, wie schon beschrieben, die Sprachwahl vom Inhalt der Geschichte abhängig und dabei ist die Verständlichkeit und Erlebbarkeit des Themas immer wichtiger als besonders ausgefallene sprachliche Kreationen.[48]

---

[45] Beispielreportage 1, im Anhang, S.57.
[46] Haller, 2006, S.188.
[47] Vgl. Fey/Schlüter, 2006, S. 101ff; Haller, 2006, S.185ff.
[48] Vgl. Fey/Schlüter, 2006, S. 116ff.

„Je dramatischer das Beschriebene, desto undramatischer muss die Sprache sein. … Eine Sprache, die dem Leser Emotionen aufzwingt und Entrüstung vorschreibt, stumpft nur ab“.(Cord Schnibben)[49]

## Faktische Ebene

Auf der faktischen Textebene der Reportage erhält die Leserin die recherchierten Hintergrundinformationen über das Thema. Im Gegensatz zu den Informationen auf der szenischen Ebene, werden diese Inhalte in Form von „objektivierten Sachaussagen“ in einer stark „verknappenden Sprache“[50], die normalerweise in einer Nachricht verwendet wird, wiedergegeben.[51]

Obwohl höchstens ein Drittel der Informationen aus diesen „harten Fakten“ bestehen soll, sind sie ein wichtiger Bestandteil der Reportage.[52]

Sie klären über Zusammenhänge, in denen die szenische Geschichte steht, auf und die Leserin erhält Informationen über die Personen, die Situation und den Handlungsort. Nur so kann sich die Leserin orientieren und die Bedeutung des Themas, den Sinn der von der Reporterin gewählten Perspektive und infolgedessen die damit beabsichtigte Botschaft verstehen.

---

[49] Fey/Schlüter, 2006, S. 117.
[50] Haller, 2006, 180.
[51] Vgl. Haller, 2006, S.180.
[52] Vgl. Fey/Schlüter, 2006, S.87f.

22

Die Leserin wird auch mit Rückblenden über vergangene oder politische Geschehnisse und Zusammenhänge informiert, was wiederum mit einem Wechsel der Tempi einhergeht.

Ebenso legen Menschen, wie etwa der „Chefarzt" (Z.34f.), der „Polizeisprecher" (Z.51f.) und der „Anwalt" (Z.58f.)[53], ihren Standpunkt dar und liefern damit wichtige faktische Informationen.[54]

Vorausgesetzt die Reporterin bringt diese ergänzenden „Informationsteile"[55] in einen direkten und logischen Zusammenhang mit den szenischen Abschnitten, wird für die Leserin so auch die konkrete Bedeutung der einzelnen szenischen Abschnitte ersichtlich.

Außerdem erkennt sie durch die unterschiedliche inhaltliche und sprachliche Gestaltung der faktischen und szenischen Abschnitte den deutlichen Gegensatz zwischen den berichteten, allgemeinen und faktischen Informationen und den erzählten Informationen über konkrete Situationen und Personen.[56]

---

[53] Beispielreportage 1, im Anhang, S.57f.
[54] Vgl. Fasel, 2008, 88ff.; Haller, 2006, S.180.
[55] Fasel, 2008, S.90.
[56] Vgl. Haller, 2006, S.180f.

# 5 Einstieg und Schluss

## Szenisch gute Bilder

Der Einstieg und der Schluss sind die wichtigsten Bestandteile der Reportage. Voraussetzung für eine treffende und damit auf das Vermittlungsziel ausgerichtete Auswahl und Strukturierung der szenischen und ergänzenden faktischen Episoden, ist das vorherige Festlegen des Anfangs und des Endes der Geschichte.

Unter Beachtung der Quintessenz, die sie der Leserin nahe bringen möchte, muss die Reporterin sorgfältig entscheiden, mit welchen Beobachtungen, Vergleichen oder Zitaten sie die ersten Informationen dazu gibt.[57]

„Vom Einstieg in die Reportage hängt nicht vieles ab, wie manche behaupten, sondern so gut wie alles."[58]

Mit dem szenischen Einstieg, dem Einstiegssatz und dem direkt darauffolgenden ersten Absatz, muss die Neugierde und das Interesse der Leserin geweckt werden. Denn der Einstieg ist entscheidend dafür, ob die Leserin überhaupt mehr als zwei Sätze der Reportage liest.[59]

---

[57] Vgl. Fey/Schlüter, 2006, S.69f.; S.84f.
[58] Fey/Schlüter, 2006, S.69.
[59] Vgl. Fey/Schlüter, 2006, S.69f; S.84f.

Der Einstiegssatz muss der Leserin eine spannende Geschichte versprechen und sie sofort in eine Erwartungshaltung auf den ersten Absatz versetzen.

Sybille Krause-Burger, freie Journalistin in Stuttgart, sagt:

„Der Anfang ist besonders schwer, weil der erste Absatz so schmissig, so voller Informationen sein soll, dass er zum Weiterlesen auffordert." [60]

Der Schriftsteller Walter Kempowski empfiehlt das „stärkste Bild" [61] an den Anfang zu stellen. Der erste Absatz muss die Leserin mitreißen, überraschen oder verwirren und die Bezugsbasis für die folgende Geschichte bilden. [62]

Das gelingt in der Einstiegsszene durch ein außergewöhnliches, überraschendes oder ganz konkretes Bild mit Informationen zur Quintessenz und zu den Hauptpersonen, die so in die Geschichte eingeführt werden und den Beginn des Erzählfadens bilden. Der Erzählfaden taucht in der Geschichte als Roter Faden in Form einer Person, eines Ortes, eines Sinnesausdrucks oder einer Handlung immer wieder auf. [63]

Doch wichtig ist nicht nur der Einstieg, sondern auch der Schluss: Als Ende der Erzählung und sogenannter letzter Eindruck muss er so

---

[60] Fey/Schlüter, 2006, S.69.
[61] Fey/Schlüter, 2006, S.71.
[62] Vgl. Fey/Schlüter, 2006, S.59ff.
[63] Vgl. Fey/Schlüter, 2006, S.69.

wirkungsvoll sein, dass die Leserin die Quintessenz nicht mehr vergisst und sie in möglichst positiver Erinnerung behält.[64]

Eine häufig verwendete Möglichkeit, einen derart einprägsamen Schluss zu gestalten, ist die Wiederaufnahme der im Einstieg dargestellten Atmosphäre durch eine ähnliche Wortwahl, einen Kontrast, einen Sinnspruch oder eine ähnliche Situation, wodurch eine Rahmen aus Einstieg und Ausstieg entsteht.[65]

---

[64] Vgl. Fey/Schlüter, 2006, S.69f; S.84f.
[65] Vgl. Fey/Schlüter, 2006, S.84ff.

# Analyse

Nun folgt eine genauere Betrachtung des Einstiegs und des Schlusses von drei Beispielreportagen der „Reportagenseite" in der „Stuttgarter Zeitung".

Es wird untersucht, mit welchen inhaltlichen Informationen und sprachlichen Mitteln für die Lektüre der Reportagen begeistert und auf welche Art und Weise am Ende ein bleibender Eindruck erreicht werden soll. Außerdem wird die Wiederaufnahme des Erzählfadens und dessen Funktion im Mittelteil der Reportagen betrachtet.

„Im Supermarkt hat Dietrich Wagner Probleme, einen Berg Orangen von einem Berg Bananen zu unterscheiden. Am der Kasse hält er sein Portemonnaie hin und bittet die Verkäuferinnen, sich das passende Geld herauszunehmen. Bei Daniel Kartmann ist es der Fußball, der ihm seine Grenzen aufzeigt. Seit dem 30. September 2010 trifft er das Tor nicht mehr und übersieht seine Mitspieler. Und bei Ursula Sierer (Name geändert) sind es die wiederkehrenden Lichtblitze am linken Augenrand, die ihr Angst machen." (Z.5-12)

Der Einstiegssatz verrät schon sehr viel, aber verlangt dennoch nach weiteren Informationen. Er beinhaltet einen Ausschnitt aus dem Alltag einer der Hauptpersonen, deren Problematik mit einem ungewöhnlichen Gegensatz, „Berg Bananen" und „Berg Orangen" verdeutlicht wird. Die Quintessenz, „die konkreten Folgen und das beeinträchtigte Leben einzelner Opfer des Polizeieinsatzes aufzuzeigen", ist durch die Darstellung einer konkreten schwierigen Situation im ersten und zweiten Satz schon angedeutet, allerdings für die Leserin noch nicht ganz ersichtlich.

Mit der Einführung der zweiten Hauptperson und ihren persönlichen Einschränkungen wird deutlicher, dass es um Augenverletzungen geht. Und mit der Nennung des Datums „30. September 2010" werden der Rote Faden und das Thema ersichtlich.

---

[66] Beispielreportage 1, im Anhang, S.55-62.

In Verbindung mit der dritten Hauptperson verwendet die Autorin schließlich das Wort „Auge" in einem Kompositum und steigert mit diesem letzten Satz des Einstiegs nochmal die Spannung, indem sie ein persönliches Gefühl, die „Angst" der Hauptperson, nennt.

Die Darstellung und Abfolge der namentlichen Nennung der drei Hauptpersonen im ersten Abschnitt vermittelt einerseits Nähe und stellt andererseits die Struktur der Reportage dar, da in derselben Reihenfolge die persönliche Geschichte und Situation dieser drei Menschen in eigenen Abschnitten erzählt wird.

Außerdem entsprechen die Namen „Dietrich Wagner", „Daniel Kartmann" und „Ursula Sierer" den Roten Fäden dieser Abschnitte.

Es zeigt sich also, dass es auch möglich ist, zwei oder mehr Rote Fäden zu spinnen.[67] Hier gibt es einen Roten Faden für die ganze Geschichte, der „30. September 2010", und drei weitere für die Teilgeschichten über die Hauptpersonen: „Dietrich Wagner" oder „der 67-jährige" (Z.17-70); „Daniel Kartmann" oder „der 34-jährige" (Z.71-118); „Ursula Sierer" oder „die 62-jährige" (Z.118-142).

Im zweiten Absatz werden die Informationen des Einstiegs ergänzt und konkretisiert, indem die Hauptproblematik der drei Hauptpersonen genannt wird:

---

[67] Vgl. Fey/Schlüter, 2006, S.81f.

„Dietrich Wagner, Daniel Kartmann und Ursula Sierer haben durch den Wasserwerfereinsatz im Schlossgarten bleibende Augenschäden erlitten." (Z.12-14)

Dieser erste Satz des zweiten Abschnitts nimmt einerseits die Reihenfolge der namentlichen Nennung der Personen wieder auf, andererseits stellt er einen direkten Kontrast zur individuellen Angst von Ursula Sierer am Ende des ersten Abschnitts dar.

Im Folgenden werden bestimmte Erlebnisse und Gedanken durch das Stilmittel der Alliteration „alle drei" als Gemeinsamkeiten verdeutlicht:

„Alle drei haben Anzeige erstattet, alle drei versuchen, wieder in ihren Alltag zurückzufinden. Und alle drei haben seit dem 30. September ein anderes Bild von dem Staat, in dem sie leben." (Z.14-16)

Und trotzdem hat jedes der Opfer seine eigene Geschichte, was dadurch demonstriert wird, dass diese Themen jeweils individuell in den einzelnen Abschnitten über die Hauptpersonen wieder zur Sprache kommen. Dadurch werden während des Lesens immer wieder gegensätzliche und auch ähnliche Denk- und Handlungsweisen ersichtlich.

Ganz am Ende werden durch das Zitat von Ursula Sierer die Themen Augenverletzung, Demonstration und Kritik an der Brutalität des Staates ganz konkret und in Form eines Sinnspruchs wieder aufgenommen:

„Und bis Politikern endlich die Augen aufgehen." (Z.141f.)

Sie möchte trotz der Erlebnisse nicht aufgeben und weiter demonstrieren, bis etwas geschieht. So bildet dieser Schluss nicht nur einen Rahmen mit dem Einstieg, sondern verdeutlicht einmal mehr die Quintessenz.

„Der Händedruck ist fest, das "Hallo" bestimmt. "Ich bin gleich bei
Ihnen", sagt Schwester Martina, "ich muss nur noch schnell zu der
Pforte, da hat es geklingelt." Ans Handy muss sie dann leider auch
noch einmal, der Lokalredakteur will ein Interview zum Thema
Bahngipfel, und der Südwestrundfunk hat sie auch schon wieder als
Gesprächspartnerin angefragt. Es ist ein grauer Mittwoch, und
Schwester Martina hat viel zu tun. Sie kämpft an mehreren Fronten
gleichzeitig." (Z.6-12)

Dieser Einstieg beginnt mit einer Wahrnehmung von Stärke der Hauptperson, die charakteristisch ist für diese und schon auf die Quintessenz
hindeutet. Schwester Martina, die namentlich im zweiten Satz, im Zuge
eines Zitats, genannt wird, soll als starke und vielbeschäftigte, kämpferische und mit einem festen Willen ausgestattete Frau dargestellt werden.
Diese Charakteristika sind schon im ersten Absatz offensichtlich und
auch, dass sie „an mehreren Fronten gleichzeitig" kämpft, unter anderem
geht es um ein Bahnprojekt.

Denkt die Leserin nun automatisch an „Stuttgart 21", wird sie im folgenden Informationsteil eine Überraschung erleben. Überraschend wirkt
auch, dass die kämpferische Schwester Martina eine „zierliche Frau im
Nonnengewand" (Z.13) ist, was zugleich noch einmal die Spannung darauf, an welchen „Fronten" diese kämpft, erhöht.

---

[68] Beispielreportage 2, im Anhang, S.63-68.

Im Text taucht Schwester Martina, verbunden mit dem Bild der starken Kämpferin, als Roter Faden immer wieder auf:

> „Schwester Martina ist die Oberin des Augustinerklosters …"
> (Z.14f.); „Bis vor kurzem leitete sie als Direktorin …" (Z.15f.); „Sie
> will sich das nicht gefallen lassen." (Z.26); „Wie eine badische
> Jeanne d'Arc …" (Z.26f.); „Wo ein Wille ist, da ist auch ein Weg!"
> (Z.38); „Schwester Martina wäre eine gute Politikerin: …" (Z.39);
> „Schwester Martina sagt, was sie denkt, …" (Z.67); „Schwester
> Martina betet viermal am Tag, …" (Z.77); „Mit 23 trat sie in den
> Orden ein." (Z.100)

Der Schluss bildet nicht nur einen Rahmen zum Einstieg, sondern betont die Quintessenz noch einmal mit einer eindrucksvollen Information:

> „Als sie damals ihr Gelübde ablegte, hat die Ordensschwester, die
> im früheren Leben Gabriele hieß, sich den Namen für ihr
> Klosterleben selbst ausgesucht: Martina - die vom Kampf
> erprobte." (Z.109ff.)

„Manchmal hat er noch diesen eiskalten Blick von Clint Eastwood. Das kriegt er nicht weg. Ein Mensch kann sich ändern, aber die Hülle bleibt. Ansonsten gibt es jetzt zwei von ihm. Der neue Freddy will keinem mehr Angst machen. Er fühlt, denkt, redet. Der alte Freddy ließ andere fühlen, bevor er dachte. Und geredet hat er nur selten. Darüber ist er zum Mörder geworden." (Z.5-10)

Der Einstiegssatz verrät noch nicht sehr viel. Durch den Vergleich mit „Clint Eastwood" entsteht Neugierde wer dieser „er" ist, insbesondere wenn die Leserin keine Assoziationen zu Clint Eastwood hat. Dennoch ist die Beschreibung, dass er noch manchmal diesen „eiskalten Blick" hat ein Hinweis darauf, dass eine Veränderung stattgefunden haben muss. Mit einer konkreten Hinführung zur Quintessenz in den folgenden zwei Sätzen bestätigt sich dieser Hinweis: „Menschen können sich ändern."

Es folgt die Nennung der Hauptperson mit dem Kontrast „Was will der neue, veränderte Freddy jetzt" und „Was wollte und tat der alte Freddy", so dass er zum Mörder wurde.

Nun ist die Quintessenz, dass sich auch ein lebenslänglich inhaftierter Mörder ändern kann, noch genauer ersichtlich. Außerdem baut sich mit dem Ende des ersten Absatzes viel Spannung auf, da man erwartet zu erfahren, wie der alte Freddy zum Mörder geworden ist. Stattdessen beginnt der nächste Absatz aber mit der Hoffnung des neuen Freddy auf

---

[69] Beispielreportage 3, im Anhang, S.69-77.

ein neues Leben in Freiheit, das nichts mehr mit dem alten gemein hat. Weiter geht es mit allgemeinen und aktuellen Informationen. Die Leserin erfährt erst später von Freddys Vorgeschichte.

Dieser Kontrast zwischen dem alten und neuen Freddy zieht sich als Roter Faden durch die ganze Geschichte. Beispielsweise verspricht der neue Freddy seiner Mutter sich zu verändern (Z.44f.). Direkt darauf folgt eine Rückblende über den Lebensweg des alten Freddy bis ins Gefängnis (Z.47-69). Auf einen raffenden Abschnitt über den Gefängnisalltag (Z.125-130) folgt ein Absatz über seine Angst vor dem Leben in der ihm unbekannten Freiheit (Z.131-137). Sehr auffallend und eindeutig spannungsfördernd ist gegen Ende der Kontrast zwischen der Akzeptanz und dem Glauben an den neuen Freddy durch seine Familie (Z.133-137) und der zu erwartenden Ablehnung und dem Festhalten am Bild des alten Freddy durch die Familie des Opfers und die Gesellschaft (Z.149-154).

Der Schluss rahmt die Geschichte ein, indem der Kontrast „Neuer Freddy" und „Alter Freddy" beziehungsweise „Was will Feddy jetzt" und „Was war und wollte der alte Freddy" als er zum Mörder wurde genau so, nur in umgekehrter Reihenfolge wieder auftaucht:

"Ich wollte früher immer anders sein als die anderen", sagt der Gefangene zum Abschied. "Das will ich jetzt nicht mehr." Im Oktober 2013 wird Freddy Gruber entlassen."

Dadurch, dass sein Wille als neuer Freddy nun als zweites genannt wird, endet die erzählte Geschichte so wie sie begonnen hat, nämlich mit dem veränderten Freddy. Dadurch wird auch das zukünftige, endgültige Loslassen vom alten Freddy signalisiert, was durch die Verwendung des Wortes „Abschied" und die Information über die Entlassung noch verstärkt wird.

## Fazit zur Analyse

Die Untersuchung dieser drei Beispielreportagen bestätigt eindeutig die Wichtigkeit des Einstiegs und auch des Schlusses der Reportage. Die Art und Weise der Einführung der Quintessenz im Einstieg bildet offensichtlich die Grundlage für die Auswahl der Episoden und deren Strukturierung im Mittelteil.

Der im Einstieg beginnende „Rote Faden" taucht in dieser Form auch im Mittelteil immer wieder auf und bewirkt so einerseits den Zusammenhang zwischen allen Ebenen der Reportage und stellt andererseits die Quintessenz in den Mittelpunkt.

Mit der Wiederaufnahme der Atmosphäre am Anfang, durch eine ähnliche Wortwahl, denselben Vergleich, ein Zitat oder eine neue, die Quintessenz verdeutlichende Information, rundet der Schluss die Geschichte ab.

Hat sich die Reporterin also entschieden, mit welcher Szene sie den Erzählfaden beginnen und mit welcher Szene enden lassen möchte, richtet sie die Auswahl der Episoden und deren Strukturierung anhand dieser Anfangs- und Zielposition der Geschichte aus.[70]

---

[70] Vgl. Fasel, 2008, S.91ff.; Fey/Schlüter, 2006, S.51ff.

# 6 Aufbau

Nun ist es die Aufgabe der Reporterin, die verschiedenen Materialien auszuwählen und in den „Handlungsablauf" einer Geschichte zu stellen. Denn ein auf die Quintessenz fokussierter Inhalt und dramaturgischer Aufbau sind, neben der entsprechenden Sprache, Voraussetzung dafür, dass die Reportage ihre Hauptfunktion, die Leserin am Geschehen teilhaben zu lassen, erfüllen kann.

Infolgedessen muss die Reporterin, nachdem sie die Einstiegs- und Schlussszene sowie die Quintessenz bestimmt hat, die verschiedenen szenischen und faktischen Inhalte so auswählen und strukturieren, dass diese den im Einstieg aufgenommenen Erzählfaden fortführen.[71]

## Auswahl und Strukturierung

Bei der Auswahl, welche Szenen, Wahrnehmungen, Personen und welche faktischen Informationen Bestandteil der Reportage werden sollen, ist demnach „Mut zur Lücke" gefragt. Denn bei dem Versuch einen „Teil der Wirklichkeit" für die Leserin zu veranschaulichen, ist die Konzentration auf die Quintessenz und den „Einzelfall"[72], an der diese veranschaulicht wird, unabdingbar. Infolgedessen werden nur jene Szenen, Wahrnehmungen und Personen näher beschrieben und auch ausschließlich jene

---

[71] Vgl. Haller, 2006, S.155; S.178f.
[72] Fey/Schlüter, 2006, S.87f.

Hintergrundinformationen gegeben, die wichtig für die Quintessenz sind. Nur so, ohne überflüssige, langweilige oder verwirrende Inhalte, kann es der Reporterin gelingen, die Quintessenz durch eine spannend erzählte Geschichte zu vermitteln. Natürlich hängt es auch von der Länge der Reportage ab, welche Szenen und Informationen in den „Handlungsablauf" der Geschichte fließen.[73]

Bei der Strukturierung der ausgewählten Inhalte wechselt die Reporterin schließlich wie mit einer Kamera zwischen Naheinstellungen und Großaufnahmen, wenn sie beispielsweise das Erscheinungsbild einer Person detailliert beschreibt und dann zu den ergänzenden und allgemeinen Informationen übergeht. Sie verknüpft die aufeinanderfolgenden Beobachtungen, Details und faktischen Informationen sowohl sprachlich, durch verschiedene Zeitformen, Konjunktionen oder Adverbien, als auch inhaltlich, mit dem gezielten Aufbau von Spannung und Erwartungen auf die folgende Geschichte.[74]

Hans-Joachim Schlüter hat ein grundlegendes Aufbauprinzip für eine bewusste, schematische Konstruktion der Reportage erstellt.

Dabei stellt er am Bild eines Zuges den schematischen Wechsel zwischen einem Güterwagen, den faktischen Informationen und einem Personen-

---

[73] Vgl. Fey/Schlüter, 2006, S.22; S.87ff.; S.90f; S.93f.
[74] Vgl. Fey/Schlüter, 2006, S.76f; Haller, 2006, S.166; S. 178f.

wagen, der szenischen Unterhaltung, dar. [75] Die Dampflok symbolisiert einen möglichst starken, lebendigen und für die Quintessenz charakteristischen szenischen Einstieg, in dem auch schon die Hauptperson, der Lokführer, vorkommt. Der Handlungsfaden beginnt mit dem Einstieg, er führt die Leserin durch die einzelnen Abschnitte des Zugs und hält so die tickende Uhr, die Textpassagen zusammen. An die Dampflock ist ein Güterwagen angekoppelt, der erste Informationen zur Orientierung beinhaltet, während die darauf folgende Szene den vorliegenden Konflikt und die davon betroffene Person bzw. betroffenen Personen fokussiert. Weiter geht es wieder mit Informationen, etwa in Form eines Rückblicks, gefolgt von einem Personenwagen mit einer Überraschung, einer Wende oder einer Vertiefung des Konflikts. Es folgen erneut Informationen und am Ende steht wieder ein Personenwagen, ein szenischer Schluss, der bei der Leserin den gewünschten Eindruck hinterlassen soll. Um dem Zug Aufmerksamkeit zu verleihen, muss er etwas Besonderes an sich haben, genauso wie sich die Reportage durch den Fokus auf einen besonderen Aspekt von anderen Textsorten unterscheidet.

Ein gelungener Aufbau ist unabdingbar für das Verständnis, die Spannung und das Erreichen der Leserin. [76]

---

[75] Vgl. Fey/Schlüter, 2006, S.59ff.
[76] Vgl. Fey/Schlüter, 2006, S.59ff; Fasel, 2008, S.88ff.

# Spannung erzeugen

Es gilt, einen dynamischen Wechsel zwischen den Ebenen zu konstruieren, um die Quintessenz zu fokussieren und der Leserin einen abwechslungsreichen und spannenden Lesegenuss zu bieten. [77]

Die Reporterin hat verschiedene Möglichkeiten, um einen dynamischen und spannungsfördernden Aufbau zu gestalten. Dieser zeichnet sich nicht durch einen regelmäßigen Wechsel der szenischen und faktischen Abschnitte aus, sondern durch dynamische und abwechslungsreiche Übergänge der Ebenen. So können in Schlüters Zug Inhalte der Güterwägen auch in den Personenwägen transportiert werden, das heißt, die Informationen der faktischen Ebene dürfen auch in die szenischen Abschnitte fließen. [78]

Genauso erhöht eine kontrastreiche inhaltliche Verknüpfung der szenischen und faktischen Informationen die Spannung, wie etwa ein überraschender Wechsel, wenn bei der Leserin Spannung auf den folgenden Abschnitt aufgebaut wird und dieser dann mit einem ganz anderen Thema beginnt. [79]

Auch mit dem geschickten Setzen von Zitaten und Kolportagen lässt sich Abwechslung und Spannung erzeugen. Besonders lebhaft wirken diese

---

[77] Vgl. Fey/Schlüter, 2006, S. 63ff.
[78] Vgl. Fey/Schlüter, 2006, S.59ff; Fasel, 2008, S.88ff.
[79] Vgl. Fey/Schlüter, 2006, S. 63ff; Haller, 2006, S.162ff.

persönlichen Äußerungen, wenn die Reporterin sie in die geschilderten Handlungen der Person einbettet oder gegensätzliche Aussagen aufeinander folgen lässt.[80]

Hat die Reporterin unterschiedliche Erzählperspektiven eingenommen und ihren Fokus auf mehrere Hauptpersonen gerichtet, lassen sich auch diese Ebenen wirkungsvoll miteinander verbinden. Mit direkten Vergleichen können beispielsweise die Einzigartigkeit oder Gegensätzlichkeit dieser Personen besonders hervorgehoben werden.

So zum Beispiel in der Reportage über die drei Opfer des Wasserwerfereinsatzes der Polizei.[81] Die Übergänge zwischen den einzelnen Geschichten der Opfer verdeutlichen durch Kontraste, dass die drei nicht nur sehr viele Gemeinsamkeiten haben, sondern dass auch jeder individuell für sich mit der Situation anders umgeht und bestimmte, eigene Lebensumstände hat. Infolgedessen dient diese kontrastive Setzung der Ebenen wiederum der Betonung der Quintessenz:

Während Dietrich Wagner weiter im Schlossgarten demonstrieren geht (Z.67f.), meidet Daniel Kartmann den Schlossgarten (Z.71) und während der Musiker Kartmann von einer Innenstadtwohnung aus nur auf den Marienplatz schauen kann, wohnt Ursula Sierer in edler „Halbhöhenlage"

---

[80] Vgl. Fey/Schlüter, 2006, S.109; Haller, 2006, S.187.
[81] Beispielreportage 1, im Anhang, S. 55-62.

mit Blick auf die „halbe Stadt" (Z.118ff.).[82] Diese Gegensätze gehen in dieser Reportage mit einem Wechsel des Blickwinkels und des Handlungsortes einher.

Während bei eher spannungsarmen Geschichten sehr abrupte und offensichtliche Kontraste die Quintessenz und die Erlebbarkeit für die Leserin gut unterstützen, verstärken bei sehr dramatischen Themen eher „weiche", nur durch aufmerksames Lesen ersichtliche, inhaltliche Gegensätze die Wirkung. Derartige „weiche" Kontraste setzt Nicole Höfle auch in der Reportage „Schatten im Blick" ein. In der Geschichte über Dietrich Wagner endet ein Absatz damit, dass sich „Keiner der Verantwortlichen (hat sich) bei ihm entschuldigt" (Z.41f.) hat. Der darauffolgende Absatz beginnt dann mit der Information, dass er stattdessen „eine Anzeige wegen versuchter Körperverletzung" (Z. 43f.) bekommen hat. Kurz darauf endet ein Absatz damit, dass der Polizeisprecher „mehrfach sein Bedauern über die Verletzten" (Z.56) ausdrückt, worauf die Information, dass Dietrich Wagner „Strafanzeige erstattet" (Z.57), folgt.

Hier werden also das Opfer und einer der Verantwortlichen gegenübergestellt, wodurch das Fehlverhalten der Polizei und das Folgeverhalten des individuellen Opfers und damit auch wieder die Quintessenz verdeutlicht werden.[83]

---

[82] Beispielreportage 1, im Anhang, S.58ff.
[83] Beispielreportage 1, im Anhang, S.57f.

# Aufbauprinzipien verschiedener Typen der Reportage

Eine Möglichkeit der Strukturierung ist, nach Michael Haller, die Aneinanderreihung der verschiedenen Abschnitte anhand des zeitlichen Ablaufs einer Veranstaltung oder eines Ereignisses mit einem festen Anfang und Ende. Durch diese nicht dramaturgische Berichtsstruktur muss die Reporterin, wie beim traditionellen „Augenzeugenbericht"[84], keinen eigenen Erzählverlauf anhand des Roten Fadens spinnen, sondern sich lediglich an der Abfolge der Ereignisse orientieren.

Da ein solches Thema oft wenig Abwechslung bietet, ist die Reporterin gefordert, mit anderen Mitteln Spannung zu erzeugen. Etwa durch eine abwechslungsreiche Sprache, inhaltliche Kontraste oder durch Einstiegsszenen mit Verwirrungen, Unklarheiten oder Fragen, die nur durch das Weiterlesen, bestenfalls erst mit dem Schluss geklärt werden.[85]

In den meisten Fällen ist allerdings ein dramaturgisches Erzählmuster mit einem selbst bestimmten und themengerechten Aufbau notwendig.[86] Dazu nennt Haller, neben dem chronologischen Erzählmuster, drei weitere „Grundmuster" für den typgerechten Aufbau von Reportagen:

Für Reportagen, in denen die Reporterin beispielsweise die Stimmung eines bestimmten Milieus oder ihre eigenen Erfahrungen als Quintessenz

---

[84] Haller, 2006, S.29.
[85] Vgl. Haller, 2006, S.120ff; S.156ff; S.162ff.
[86] Vgl. Fasel, 2008, S.88; Fey/Schlüter, 2006, S.22.

vermitteln möchte, legt die Reporterin selbst, nach Tradition des „literari-
schen Reiseberichts", die „Route" ihres „Erzählfadens"[87] fest. Sie bestimmt den Roten Faden aus den vor Ort gemachten Beobachtungen und
verknüpft die Szenen und Informationen so, dass bei der Leserin die von
ihr gewünschten Assoziationen und Bilder entstehen können. [88]

Geeignet ist diese Art von Aufbau für Reportagen mit Barriere- oder
Distanzthemen, wie beispielsweise „Lebenslängliche Haftstrafe für einen
Mörder" in Michael Ohnewalds Reportage „Ein Mörder auf
Bewährung".[89]   Hier verdeutlicht die kontrastreiche Abfolge der
Abschnitte die Quintessenz und fördert so das Verständnis und die
Spannung.[90]

Anhand von Reportagen mit der Funktion, eine neue Sicht auf bestimmte
Dinge zu vermitteln, benennt Haller ein Grundmuster, das einer argu-
mentativen Dramaturgie folgt. Dieses Muster orientiert sich an der Quintessenz, einer erzählerischen „Aufklärung" der Leserin über neu gewon-
nene Erkenntnisse der Reporterin. Ein solcher Aufbau eignet sich vor
allem für „Rollenspiele", bei denen die Reporterin in eine andere Rolle

---

[87] Haller, 2006, 21.
[88] Vgl. Haller, 2008, S.18ff.
[89] Beispielreportage 3, im Anhang, S. 69-77.
[90] Vgl. Haller, 2006, S.136f; S.157f.

schlüpft, um eine ungewöhnliche Erfahrung zu machen und diese, oft auch aus der Ich-Perspektive, zu vermitteln.[91]

Beim Aufbaumuster nach der „Collagetechnik", ist eine Verknüpfung der szenischen und faktischen Ebenen nach assoziativen Kriterien wichtiger als eine bestimmte Gliederung. Wie bei einer Collage werden so verschiedene Zugänge zu einem Thema hergestellt. So sollen verschiedene, mit der Quintessenz assoziierte Bilder, im Kopf der Leserin entstehen. Geeignet für diese Art von Aufbau sind Personenporträts, da sich so ein besonders authentisches und lebendiges Bild eines Menschen beschreiben lässt.[92]

Genau das ist Esther Göbel mit ihrer Reportage „Schwester Courage" gelungen. Die Augustinernonne Martina, die von Göbel auch als „badische Jeanne d`Arc" bezeichnet wird, erweist sich nicht nur im Protest gegen das Bahnprojekt als Kämpferin, sondern auch bei anderen politischen Themen und ihren persönlichen Lebenszielen.[93]

---

[91] Vgl. Haller, 2006, S. 137; S. 158f.
[92] Vgl. Haller, 2006, S.137; S.159f.
[93] Beispielreportage 2, im Anhang, S.63-68.

46

# 7 Abgrenzung zu den nah verwandten Textsorten

Die bisher besprochenen Aspekte, die die Reporterin berücksichtigen muss, um die Hauptfunktion der Reportage- die Leserin am Geschehen teilhaben lassen – zu erfüllen, ergeben den Hauptunterschied der Reportage zu den anderen tatsachenbetonten Textsorten.

Durch die Dominanz der subjektiv geprägten, erzählenden Art der Vermittlung von Informationen zu einem Thema und das damit verbundene Ziel, hebt sich die Reportage von den anderen tatsachenbetonten Textsorten ab. Das Subjektive der Reportage wird auch dadurch unterstrichen, dass die Reporterin in manchen Fällen die „Ich – Perspektive" wählen kann. Beispielsweise wenn sie als teilnehmende Beobachterin selbst aktiv wird.[94]

Auch das Feature beinhaltet, allerdings nur etwa 10% des Textes, szenische Abschnitte. Etwa durch eine handelnde Person oder eine spannende Situation wird das Thema am Anfang genannt und bestenfalls das Interesse der Leserin geweckt. Doch hier geht es nicht darum, diese Person detailliert als einzigartiges Individuum in einer einmaligen Situation darzustellen. Sie dient vielmehr als allgemeingültiges Beispiel für einen „abstrakten Sachverhalt"[95], der so anschaulich gemacht werden soll.[96]

---

[94] Vgl. Fey/Schlüter, 2006, S. 44f.
[95] Haller, 2006, S.90.

Gleichermaßen geht es in der „Nachrichtenmagazinstory" nicht darum, der Leserin ein Thema durch die authentische Schilderung besonderer und subjektiver Beobachtungen und Erlebnisse nahe zu bringen. Zwar beinhaltet auch diese Textsorte einen Wechsel von subjektiv ausgewählten, allgemeinen Hintergrundinformationen und Szenen, die durch detaillierte Beschreibungen von realen Personen auf eine Quintessenz deuten und authentisch wirken, doch ihr Ziel ist ein anderes. Die Verfasserin möchte von der selbst interpretierten Tendenz einer Entwicklung berichten, wofür sie, ausschließlich am Schreibtisch recherchiert und Materialien sammelt, die diese Tendenz beweisen, verdeutlichen und auch bewerten.[97]

In der Reportage wertet und kommentiert die Reporterin dagegen nicht explizit, obwohl die Inhalte der szenischen Ebene auf persönlich wahrgenommenen und somit nicht überprüfbaren Tatsachen beruhen. Dieses Merkmal der Reportage ist der Grund, warum sie „als subjektivste dieser Art bezeichnet"[98] wird und niemals ganz objektiv sein kann.

Ganz im Gegensatz zu einer Nachricht, Meldung oder dem als „längere Nachricht" bezeichneten Tatsachenbericht, die als „kalt geschriebene"[99]Textsorten ausschließlich in der Redaktion geschrieben werden

---

[96] Vgl. Fasel, 2008, S.48ff; Haller, 2006, S.86ff.
[97] Vgl. Haller, 2006, S.95ff; Fasel, 2008, S.52ff.
[98] Vgl. Fasel, 2008, S.93.
[99] Fasel, 2008, S.84.

können und von mehrfach überprüften und somit objektiven Tatsachen berichten. Ereignisse und Sachverhalte werden rein faktisch dargestellt und nach Wichtigkeit streng hierarchisch gegliedert. Infolgedessen steht der Schreibgrund, das heißt die wichtigsten Informationen zum Thema immer an erster Stelle, um die Leserin zu orientieren und davon in Kenntnis zu setzen, worum es geht.[100]

Auch in der Reportage fungiert der Einstieg als wichtigster Abschnitt, da er den Beginn des Erzählfadens darstellt und wichtige Informationen zum besonderen Schreibgrund, der Quintessenz, enthält. Anhand einer für die Quintessenz charakteristischen szenischen Darstellung einer Situation und einer Person, gibt diese allerdings lediglich Hinweise auf den Schreibgrund. Mit der Folge, dass sich die Leserin nicht, wie bei der Meldung, der Nachricht und dem Tatsachenbericht, mit einer abstrakten Information zum Schreibgrund am Beginn begnügen muss. Stattdessen lernt sie im Laufe der Geschichte mit Hilfe des Erzählfadens die Quintessenz zu verstehen und zu fühlen.[101]

So symbolisiert der szenische Einstieg mit seiner Funktion und Form am besten das Eigentümliche und Besondere der Reportage.

---

[100] Vgl. Haller, 2006, S.105ff; Fasel, 2008, S.29ff.
[101] Vgl. Haller, 2006, S.160ff;

Eine derartige Abgrenzung der Reportage zu den ihr nah verwandten Textsorten ist für Michael Haller eine weitere Möglichkeit, die Reportage zu definieren.[102]

Michael Haller: „Erst ihre Unterschiede zu verwandten Gattungen machen die Reportage unverwechselbar."[103]

---

[102] Vgl. Haller, 2006, S.83ff.
[103] Haller, 2006, S.15.

# 8  Schlussbetrachtung

Es ist deutlich geworden, dass die Reportage eine sehr spezifische Funktion aufweist, die sie zu einer ganz besonderen journalistischen Textsorte macht. Die Leserin soll am Geschehen, das die Reporterin vor Ort aus einer subjektiv gewählten Perspektive wahrnimmt, teilhaben können. Dazu vermittelt sie ihre Erlebnisse in einer authentischen Erzählsprache und verknüpft sie mit den im Vorfeld recherchierten Fakten zu einer Geschichte mit einer spannenden und abwechslungsreichen Dramaturgie. Voraussetzung für eine sprachlich und inhaltlich logische Struktur ist die Fokussierung der festgelegten Quintessenz bei der Auswahl der Inhalte und des Erzählfadens, der im szenischen Einstieg beginnt, durch die Geschichte führt und mit einem szenischen Schluss endet.

Infolgedessen ist es unerlässlich, eine Verbindung von Quintessenz, Inhalt, Aufbau und Sprache, das heißt, eine Übereinstimmung zwischen Form und Inhalt zu konstruieren, um das Hauptziel der Reportage zu erreichen.[104]

Die Reportage ist eine Textsorte, die sowohl von der Reporterin als auch von der Leserin fordert, sich mit den eigenen Gefühlen zu beschäftigen. Inmitten der täglichen, oftmals ungenauen und Unsicherheiten auslösenden Informationsflut der Medien über Katastrophen, Verbrechen

---

[104] Vgl. Haller, 2006, S.155f; 181ff.

oder Schuldenkrisen, bietet sie eine Möglichkeit, besondere Aspekte zu begreifen und zu verarbeiten. Es ist daher wünschenswert, zukünftig noch mehr Reportagen in den Zeitungen vorzufinden.

# 9 Literaturangaben

## Primärquellen

- **Göbel**, Esther: „Schwester Courage". In: Stuttgarter Zeitung, 06. Mai 2011, S.30.
- **Höfle**, Nicole: „Schatten im Blick". In: Stuttgarter Zeitung, 30. April 2011, S.30
- **Ohnewald**, Michael: „Ein Mörder auf Bewährung". In: Stuttgarter Zeitung, 14. April 2011, S.36.

## Sekundärquellen

- **Bucher**, Hans-Jürgen [1986]: Pressekommunikation. Grundstrukturen einer Form der öffentlichen Kommunikation aus linguistischer Sicht. Niemeyer Verlag, Tübingen.
- **Fasel**, Christoph [2008]: Textsorten. UVK Verlagsgesellschaft, Konstanz.
- **Fey**, Ulrich/**Schlüter**, Hans-Joachim [2006]: Reportagen schreiben: von der Idee bis zum fertigen Text. 3., aktualisierte und bearbeitete Auflage. ZV, Berlin.
- **Haller**, Michael: Die Reportage. Ein Handbuch für Journalisten. 5., überarbeitete Auflage. UVK, Konstanz.

# Internetquelle

- (o.V.): „Wie die Reportagen-Seite der *Stuttgarter Zeitung'* entstand". URL: http://www.anstageslicht.de/themen/themenkategorien/geschichtena nsicht/kapitelansicht/kat/stuttgarter-reportagen/story/die-stuttgarter-reportagen/kapitel/wie-die-reportagen-seite-der-stuttgarter-zeitung-entstand-1.html (zuletzt abgerufen: 23.02.2015).

# 10 Anhang

**Beispielreportage 1**

**Höfle,** Nicole: „Schatten im Blick"

In: Stuttgarter Zeitung, 30. April 2011, S.30.

Schatten im Blick

Polizeieinsatz Zwei Männer und eine Frau wurden von den Wasserwerfern im Schlossgarten schwer getroffen. Ihre Augenverletzungen bleiben – und ihr Misstrauen gegenüber den Regierenden. Von Nicole Höfle

Im Supermarkt hat Dietrich Wagner Probleme, einen Berg Orangen von einem Berg Bananen zu unterscheiden. Am der Kasse hält er sein Portemonnaie hin und bittet die Verkäuferinnen, sich das passende Geld herauszunehmen. Bei Daniel Kartmann ist es der Fußball, der ihm seine Grenzen aufzeigt. Seit dem 30. September 2010 trifft er das Tor nicht mehr und übersieht seine Mitspieler. Und bei Ursula Sierer (Name geändert) sind es die wiederkehrenden Lichtblitze am linken Augenrand, die ihr Angst machen. Dietrich Wagner, Daniel Kartmann und Ursula Sierer haben durch den Wasserwerfereinsatz im Schlossgarten bleibende Augenschäden erlitten. Alle drei haben Anzeige erstattet, alle drei versuchen, wieder in ihren Alltag zurückzufinden. Und alle drei haben seit dem 30. September ein anderes Bild von dem Staat, in dem sie leben.

Am weitesten weg von seinem früheren Leben ist der 67 Jahre alte Dietrich Wagner. Der Rentner, der sich mit ausgestreckten Armen in den Strahl des Wasserwerfers gestellt hat, ist in den vergangenen Monaten zu einer Ikone des Widerstandes geworden. Das Foto, das ihn hilflos und mit blutenden Augen zeigt, ist für viele zum Sinnbild dieses Tages geworden.

Jetzt sitzt Wagner in einem Hinterhof im Stuttgarter Westen, neben ihm sein Freiburger Anwalt Frank-Ulrich Mann, und sagt Dinge, die für eine

Ikone so gar nicht taugen. Während seine Lebensgefährtin Erika Kaffee und frischen Käsekuchen aufträgt, entwickelt Wagner seine Demokratietheorien. Bei Wahlen könne er sich vorstellen, dass Stimmen je nach Bildungsabschluss des Wählers gewichtet werden. Später sagt er, dass er Deutschland noch immer für ein von den USA besetztes Land hält und dass die Amerikaner irgendwie womöglich auch hinter dem Polizeieinsatz am 30. September gestanden haben könnten. Nicht nur Mappus und Angela Merkel, sondern vielleicht auch das US-Militär. Sein Anwalt interveniert freundlich.

Dietrich Wagner hat bei dem Polizeieinsatz fast sein ganzes Sehvermögen verloren. Egon Georg Weidle, der Chefarzt der Augenklinik im Katharinenhospital, listet die Verletzungen auf: Riss der Netzhäute links und rechts, Riss der Bindehäute, geschädigte Linsen, verletzte Sehnerven. Auf dem rechten Auge bleibt Wagner eine Sehfähigkeit von zehn Prozent, auf dem linken sind es weniger. "Ich kann ein Autokennzeichen vielleicht noch aus einem Meter Entfernung erkennen", sagt Wagner. Lesen kann er nicht mehr, Autofahren schon gar nicht, Farben sieht er wie durch einen Nebel. "Ab der Dämmerung geht nichts mehr ohne meine Erika." Keiner der Verantwortlichen hat sich bei ihm entschuldigt.

Was der 67-Jährige bekommen hat, war eine Anzeige wegen versuchter gefährlicher Körperverletzung, weil er einen Stein auf ein Einsatzfahrzeug geworfen haben soll. Mitte April wurde das Verfahren eingestellt, weil kein Schaden nachgewiesen werden konnte und weil Dietrich Wagner durch seine Erblindung ohnehin bereits hart getroffen ist. Der Rentner

48    spricht von "korrupter Polizei und korrumpierten Staatsanwälten" und

49    sieht den Polizeieinsatz als "vorsätzliche Schlacht des Staatsapparates

50    gegen seine Bürger".

51    Der Stuttgarter Polizeisprecher Olef Petersen, der schon dutzendfach mit

52    diesen Vorwürfen konfrontiert wurde, erwidert unermüdlich: "Die Polizei

53    hat die Demonstranten vor dem Wasserwerfereinsatz fast eine Stunde

54    lang dazu aufgefordert, den Platz freizumachen." Er sagt auch, dass die

55    Polizei noch immer das Gewaltmonopol im Staat innehat. Und er drückt

56    mehrfach sein Bedauern über die Verletzten aus.

57    Dietrich Wagner hat Strafanzeige erstattet, gegen die Einsatzleitung und

58    den beteiligten Polizisten im Wasserwerfer, den sein Anwalt noch immer

59    zu ermitteln versucht. "Wir wissen inzwischen, welches Fahrzeug es war,

60    aber nicht wer gezielt hat", sagt Frank-Ulrich Mann, der von den Park-

61    schützern vermittelt wurde, weil er Erfahrung hat in der Verteidigung von

62    Nichtregierungsorganisationen. Olef Petersen sagt, dass mit einem Was-

63    serwerfer dieses Typs punktgenaues Zielen überhaupt nicht möglich sei.

64    Frank-Ulrich Mann verteidigt fünf bei dem Polizeieinsatz Verletzte und

65    will für alle eine Schadenersatzklage einreichen. Vorerst aber hoffen er

66    und Dietrich Wagner auf die Einsicht der neuen Landesregierung und auf

67    eine außergerichtliche Einigung. Wie auch immer die Verhandlungen aus-

68    gehen, Dietrich Wagner wird weiter jeden Montag demonstrieren. "Ich

69    habe schon in der ersten Nacht im Schlossgarten so viele interessante

70    Menschen getroffen wie die vergangenen Jahre nicht mehr."

Daniel Kartmann meidet den Schlossgarten, seitdem der Strahl des Wasserwerfers ihn umgehauen hat. Der 34-Jährige sitzt in seinem Atelier im Stuttgarter Süden, das er vor kurzem angemietet hat, um Schlagzeug zu üben. Der Raum ist karg und ein wenig kühl. Während bei Dietrich Wagner die Wut überwiegt, ist es bei Daniel Kartmann das Erstaunen über die Solidarität, die er in den vergangenen Monaten erlebt hat. Auch der Musiker ärgert sich über Politiker, die versucht haben, "Demonstranten zu kriminalisieren". Auch er ärgert sich darüber, dass, wie er findet, bei Stuttgart 21 wirtschaftliche Interessen über das Allgemeinwohl gestellt würden. Aber die meiste Zeit erzählt der 34-Jährige von der Hilfsbereitschaft der Menschen.

Kaum war er aus der Augenklinik im Stuttgarter Westen entlassen, rollte die Lawine der Solidarität an. Fremde Menschen warfen Umschläge mit Geld in seinen Briefkasten, Steuerberater boten ihre Hilfe an, Freunde organisierten Benefizkonzerte. In der Kindertagesstätte sammelten die Eltern und bezahlten zwei Monate für Kartmanns jüngsten Sohn. "Ohne die Spenden hätte ich in den ersten zwei Monaten, in denen ich gar nicht arbeiten konnte, HartzIV beantragen müssen."

Als er sich bei den Eltern bedankte, kamen dem Vater von drei Kindern die Tränen. "Es ist eine Mischung aus Scham und Dankbarkeit." Scham, weil Kartmann sein Geld immer selbst verdient hat. Dankbarkeit, weil er so viel Hilfsbereitschaft nie und nimmer erwartet hätte.

93 Daniel Kartmann hat noch immer Probleme, Noten zu lesen. Und er hat
94 sich damit abgefunden, beim dienstäglichen Kick mit seinen Freunden das
95 Tor nicht mehr zu treffen. Der 34-Jährige musste operiert werden, weil
96 sich die Netzhaut auf dem rechten Auge ablöste. Sein Arzt Wilko Fried-
97 richs sagt, dass der Eingriff gut verlaufen sei, auch wenn ihn dieser 2,5
98 Dioptrien gekostet habe. Geblieben ist Kartmann zudem eine stark ge-
99 weitete Pupille, die ihn gegen Sonnenschein empfindlich macht. Trotzdem
100 arbeitet der Familienvater wieder so viel wie früher. Nur gibt es diese
101 Momente, in denen er feststellen muss, dass die Kräfte nachgelassen ha-
102 ben. Der Rechtsstreit belastet ihn und die vielen Termine, die mit dem 30.
103 September zu tun haben.

104 Selbst in dem Marionettentheater Ernesto Hase scheint der 30. September
105 2010 durch. Daniel Kartmann hat in dem Stück, in dem eine Hasenfamilie
106 von Polizisten in den Tod getrieben wird, schon vor zwei Jahren mitge-
107 spielt. "Damals haben die Kinder noch ganz anders auf die Polizei rea-
108 giert", erzählt er. "Für die Kleinen sind Polizisten immer Helden, seit dem
109 30. September ist das irgendwie anders." Dabei hat die Fassung für Kinder
110 noch immer einen tröstlichen Schluss: Die Hasen landen in einer
111 Traumsequenz auf einer idyllischen Insel.

112 Auch für sich hat Kartmann einen tröstlichen Ausstieg gefunden. "Egal,
113 was noch kommt, der Protest gegen Stuttgart 21 hat so viel Kreativität
114 und Produktivität freigesetzt wie kein Thema zuvor. Die Leute haben sich
115 die Stadt zurückerobert." Deshalb sieht er den Stresstest und das Danach

viel gelassener: "Wenn Stuttgart 21 gebaut wird, werde ich nicht auswandern."

Der Musiker schaut von seiner Wohnung aus auf den Marienplatz, Ursula Sierer auf die halbe Stadt. Die 62-Jährige, die in hübscher Halbhöhenlage lebt, hat seit September einen anderen Blick auf Stuttgart und seine Regierenden. Ihren richtigen Namen will die Selbstständige nicht in der Zeitung lesen, weil sie nicht will, dass ihre Kunden von ihrem privaten Engagement erfahren. Ursula Sierer sagt, vorher sei sie auf eher stille Weise ein politischer Mensch gewesen, jetzt will sie gehört werden. Denn neuerdings muss sie Sätze lesen wie diesen, die ihr die Anwälte des Landes schreiben. "Ihre Verletzung wäre durch rechtstreues Verhalten vermeidbar gewesen." Sierer interpretiert die Ereignisse anders. "Ich bin der Anweisung der Polizei gefolgt, habe einen Weg frei gemacht und bin dadurch in die Nähe eines Wasserwerfers geraten."

Vor dem Einsatz im Schlossgarten stellte die Augenärztin bei ihr eine altersbedingte Kurzsichtigkeit fest, jetzt lautet die Diagnose Kontusionskatarakt, eine Prellung des Auges. Deshalb sieht Ursula Sierer Lichtblitze, und es besteht die Gefahr, dass sie früher am Grauen Star erkrankt als andere Menschen. Die wohlhabende 62-Jährige, die bis vor wenigen Monaten mit der Polizei außer bei Verkehrskontrollen nichts zu tun hatte, sagt jetzt Sätze, die es in sich haben: "Ich hätte nie gedacht, dass ich in meinem vorgerückten Alter noch staatlich angeordnete Brutalität erleben werde." Die 62-Jährige spricht von Lobbypolitik, Vetterleswirtschaft und beklagt sich über eine Staatsanwaltschaft, die aus ihrer Sicht alles andere

40     als unabhängig ermittelt. Ursula Sierer will nicht mehr aufhören mit ihren

41     Protesten. Bis der Tiefbahnhof begraben ist. "Und bis Politikern endlich

42     die                       Augen                    aufgehen."

# Beispielreportage 2

**Göbel,** Esther: „Schwester Courage"
In: Stuttgarter Zeitung, 06. Mai 2011, S.30.

# Schwester Courage

**Widerstand** Nicht nur in Stuttgart, auch in Offenburg flammt der Protest gegen ein großes Bahnprojekt. Galionsfigur der Bewegung ist eine 64-jährige, zierliche Frau in schwarz-weißer Ordenstracht: die Augustinernonne Schwester Martina. *Von Esther Göbel*

Der Händedruck ist fest, das "Hallo" bestimmt. "Ich bin gleich bei Ihnen", sagt Schwester Martina, "ich muss nur noch schnell zu der Pforte, da hat es geklingelt." Ans Handy muss sie dann leider auch noch einmal, der Lokalredakteur will ein Interview zum Thema Bahngipfel, und der Südwestrundfunk hat sie auch schon wieder als Gesprächspartnerin angefragt. Es ist ein grauer Mittwoch, und Schwester Martina hat viel zu tun. Sie kämpft an mehreren Fronten gleichzeitig.

Die zierliche Frau im Nonnengewand trägt mit ihren 64 Jahren eine rosige Frische im Gesicht. Schwester Martina ist die Oberin des Augustinerklosters "Unserer lieben Frau" in Offenburg. Bis vor kurzem leitete sie als Direktorin außerdem die zum Kloster gehörende Mädchenschule. Und dann wäre da ja auch noch diese Sache mit der Deutschen Bahn.

Es geht um das nach Stuttgart 21 zweitgrößte Bauprojekt der Bahn im Südwesten, den Ausbau der 125 Kilometer langen Rheintalstrecke von Basel nach Karlsruhe von zwei auf vier Gleise. Bislang ist die Erweiterung neben den bestehenden Gleisen geplant. Für Offenburg bedeutet das: knapp 500 Güterzüge täglich, alle drei Minuten einer, mitten durch die Stadt. Für Schwester Martina bedeutet es: 34 Ordner zur Sache, die sauber beschriftet fast ein ganzes Regal in ihrem Büro füllen, Flugblätter und immer neue Demonstrationen, bei denen die Nonne vorneweg marschiert. Sie will sich das nicht gefallen lassen. Wie eine badische Jeanne d'Arc führt sie die Offenburger Bahn-Protestler an, ihr Ziel ist ein Güterzugtunnel, der um die Stadt herum führen soll. Dieses Alternativkonzept wird nun von der Bahn geprüft. Eine Folge des Protests.

Für Schwester Martina ist klar: "Die Bürger werden sich die bisherigen Pläne der Bahn nicht gefallen lassen." Die Oberin verschränkt die Arme vor der Brust, ihr Gesicht wird trotzig wie bei einem bockigen Kind. "Zum Baustart wird es erst gar nicht kommen, da bin ich mir hundert Prozent sicher." Die Hundert betont sie lieber noch einmal. Dann holt sie Luft, beugt sich nach vorn auf ihrem Stuhl, spannt ihren Körper an und sagt: "Wir müssen alles für das Recht des Bürgers tun, so geht es nicht! Wir müssen das Unheil von den Bürgern abwenden, wir müssen sie schützen! Wo ein Wille ist, da ist auch ein Weg!"

Schwester Martina wäre eine gute Politikerin: fachkundig, engagiert und vor allem sehr glaubhaft. Sie hat sich eingearbeitet in Richtlinien der Europäischen Union und in wissenschaftliche Untersuchungen zum Thema Lärm. Sie weiß Bescheid darüber, was welcher Politiker wann gesagt hat. Vor zwei Jahren, als Hartmut Mehdorn noch Bahn-Chef war, hat sie Anzeige gegen ihn erstattet wegen falscher Behauptungen. Mit dem aktuellen Bahn-Chef Rüdiger Grube hat sie eher Mitleid: "Der hat es auch nicht leicht wegen Stuttgart 21, dabei kann er gar nicht so viel dafür. Ich will

47  ihm das nötige Vertrauen schenken. Aber ich will auch Taten von ihm
48  sehen."

49  Vergangenen Oktober war sie beim Bahngipfel in Offenburg. "Die wuss-
50  ten gar nicht, dass wir auch da sein würden", sagt die Oberin und kichert.
51  "Ich habe dem Grube mal tief in die Augen geschaut und gesagt: So geht
52  es nicht, ich traue Ihnen zu, dass Sie auch anders können.'"

53  Seit vier Jahren sammelt Schwester Martina mit ihrer Bürgerinitiative Un-
54  terschriften, organisiert Demonstrationen, trifft Politiker und Bahn-Ver-
55  treter. Längst ist sie mit ihrer unverrückbaren Haltung und ihrem koketten
56  Lächeln bei den Anhängern des Protests zu einer Galionsfigur geworden.
57  Zweifel? Hat sie nicht, in keinem Moment habe sie alles hinschmeißen
58  wollen, sagt sie. Anfang des Jahres folgte endlich der Lohn für all die Mü-
59  hen. Das Regierungspräsidium in Freiburg beschloss: vier Bahngleise
60  mitten durch Offenburg wird es so nicht geben, die Bahn müsse ihre
61  "gravierenden Mängel" in der Planung beheben oder gänzlich neu planen.
62  Eine Genugtuung für die kämpfende Ordensschwester.

63  Sie hält auch in anderen Bereichen nicht mit ihrer Meinung zurück. Ob
64  zum Thema Facebook ("Da halte ich nichts von"), Abtreibung ("Allein
65  Gott hat das Recht, Leben zu nehmen") oder zur Kopftuchdebatte ("Das
66  stört mich nicht, ich lege ja auch nicht meine Ordenskleidung ab") -
67  Schwester Martina sagt, was sie denkt, und will sich nicht im Kloster ver-
68  stecken.

"Politik gehört doch zum Leben", sagt sie. Und für sie auch zum Klosterleben. Schon die Gründerväter um den heiligen Augustinus hätten schließlich ein starkes Engagement für die Gesellschaft gefordert. "Auch ich habe meinen Schülerinnen immer gesagt: Wenn euch etwas stört, dann wehrt euch dagegen, ihr müsst selbst den ersten Schritt gehen!'" Ihr Motto: "Kühn und demütig etwas wagen - mit Gottes Hilfe." Er gebe ihr die Kraft, sagt sie. "Immer nur beten, das könnte ich nicht. Ich brauche auch die Menschen."

Schwester Martina betet viermal am Tag, gemeinsam mit den anderen vier Schwestern des Ordens. Morgens, mittags, nach dem gemeinsamen Abendessen und noch einmal allein, bevor sie zu Bett geht. Wenn sie in der kleinen Kapelle des Klosters sitzt, die Augen konzentriert auf das Gebetsbuch gerichtet, scheint es, als mache dieses Kraftwerk von Frau endlich einmal Pause. Ihre Stimme verändert sich dann und fällt in einen leichten Singsang.

Schon als junger Mensch habe sie eine besondere Verbindung zu Gott gespürt. "Ich wollte einfach mehr. Sonntags in die Kirche gehen, ein bisschen beten, das haben ja alle gemacht. Mir hat das aber nicht gereicht." Mit zwölf Jahren habe sie erstmals für sich den Gedanken an ein Klosterleben formuliert. Aber sie schob ihn wieder weg, erzählte niemandem davon. Und bewunderte gleichzeitig einen Verwandten, der sein Leben als Pater lebte. Mit 16 sagte ein befreundeter Junge aus der Schule zu ihr: "Ich würde dich nie anfassen, du bist zu etwas Höherem berufen." Da dachte sie: "Ist das vielleicht ein Zeichen Gottes?"

Sie wusste, dass ihre alleinerziehende Mutter eine Entscheidung für das Klosterleben nicht gutheißen würde. Nach dem Abitur verließ sie ihren Heimatort Villingen und erlernte ihren Wunschberuf Lehrerin. Mit 21 Jahren war sie schon fertig ausgebildet und noch so jung, dass sie gar nicht staatlich vereidigt werden durfte. Der Gedanke, als Nonne leben zu wollen, setzte sich fest. Also schaute sie sich verschiedene Klöster an. "Als ich hier in Offenburg durch das Tor ging, wusste ich: hier gehöre ich hin." Mit 23 trat sie in den Orden ein.

Nie hat sie diesen Schritt bereut. Sicher, es gebe Dinge, die sie habe opfern müssen für das Klosterleben, sagt sie. Sie hat nicht viel von der großen, weiten Welt gesehen, hat keinen Mann, keine eigene Familie. Doch ihr fehle es an nichts. Es klingt alles wie aus einem perfekt erdachten Leben. Da sitzt eine Frau, die von sich sagt, sie habe im Wesentlichen alles richtig gemacht und sei ein Glückspilz. Ihr Idealberuf sei Lehrerin gewesen, diesen Wunsch habe sie sich erfüllt. Ihr Traum sei das Klosterleben gewesen. Auch den habe sie wahrgemacht.

Als sie damals ihr Gelübde ablegte, hat die Ordensschwester, die im früheren Leben Gabriele hieß, sich den Namen für ihr Klosterleben selbst ausgesucht: Martina - die vom Kampf erprobte.

# Beispielreportage 3

**Ohnewald,** Michael: „Ein Mörder auf Bewährung"

In: Stuttgarter Zeitung, 14. April 2011, S.36.

Ein Mörder auf Bewährung

**Vollzug** Als er in den Knast kam, gab es noch D-Mark. Jetzt rüstet sich der wegen Mordes zu lebenslanger Haft verurteilte Freddy Gruber für den Neubeginn in einer veränderten Welt. Von Michael Ohnewald

Manchmal hat er noch diesen eiskalten Blick von Clint Eastwood. Das kriegt er nicht weg. Ein Mensch kann sich ändern, aber die Hülle bleibt. Ansonsten gibt es jetzt zwei von ihm. Der neue Freddy will keinem mehr Angst machen. Er fühlt, denkt, redet. Der alte Freddy ließ andere fühlen, bevor er dachte. Und geredet hat er nur selten. Darüber ist er zum Mörder geworden.

Freddy Gruber hofft mit fast 50 auf ein neues Leben, das dem alten nicht sehr gleicht. Deshalb hat er darum gebeten, die Namen in dieser Geschichte zu ändern. Er erzählt sie in einer kühlen Zelle der Justizvollzugsanstalt Heimsheim. Gruber ist ein "LLer", wie das hier heißt. Ein Lebenslänglicher. Mindestens 15 Jahre stehen im Gesetz. Das meiste davon liegt hinter ihm. Langsam riecht Gruber die Freiheit. Seit einigen Wochen ist er im gelockerten Vollzug.

Mit seiner Sozialarbeiterin Andrea Majer durfte er einen kontrollierten Freigang durch Stuttgart machen. Auf der Königstraße kamen ihnen Menschentrauben entgegen. "Da wirkte er ziemlich angespannt", sagt Frau Majer. "Das ist ganz normal nach so langer Zeit." Im Knast laufen die Häftlinge immer nur in eine Richtung. Morgens auf dem Weg in die Werkstatt, nachmittags auf dem Hof. Wie Kamele in der Karawane.

Frau Majer hat Freddy in der Stadt einen Parkschein fürs Auto lösen lassen. Er stand lange an der Straße vor dem Automaten. Als er seine Strafhaft antrat, gab es noch Parkuhren und Markstücke. Inzwischen gibt es den Euro, und Freddy Gruber muss erst das Gefühl kriegen für die neue Währung. "Früher sind wir für acht Mark einen ganzen Abend in die Disko gegangen", sagt er. "Jetzt habe ich ein Spezi für 3,70 Euro getrunken, das ist fast genau so viel."

Freddy Gruber, der Lebenslängliche, ist ein bisschen aus der Zeit gefallen. Fast ein Drittel seines Lebens hat er sich in einem vergitterten Kosmos bewegt, der seinem eigenen Takt folgt. Jenseits der Mauern veränderte sich die Welt. Beim Jahrtausendwechsel saß Gruber in seiner acht Quadratmeter großen Zelle. Das Feuerwerk konnte er hören. Als am 11.September 2001 Terroristen mit Flugzeugen ins World Trade Center donnerten, war das für ihn ein Stück weiter entfernt als für andere. "Es ist viel passiert da draußen", sagt Freddy Gruber. Kohl, Schröder, Merkel. Finanzkrise. Sommerspiele in China. Erdbeben in Haiti.

Seine Eltern sind gestorben in dieser Zeit. An beiden hatte der Krebs genagt. Er konnte sich im Krankenhaus von ihnen verabschieden. Der verlorene Sohn kam in Handschellen und in Begleitung eines Vollzugsbeamten. "Das war ganz bitter", sagt Freddy Gruber leise. Als es mit seiner Mutter zu Ende ging, beugte er sich über sie und versprach, ein anderer zu werden. Dass er Wort hält, kann er ihr nicht mehr beweisen.

Es geht bei ihm oft um die Ehre

47 Freddy ist von jeher der Problemfall in der Familie. Vier Kinder haben die
48 Grubers, und aus allen wird etwas Ordentliches. Mit dem Gesetz kommt
49 keiner in Konflikt. Nur Freddy, der Zweitjüngste, schlägt aus der Art,
50 wobei "Schlagen" bei ihm wörtlich zu nehmen ist. Das ist seine Art, sich
51 zu behaupten. Er geht auf eine Hauptschule, spielt Fußball. Später macht
52 er Kampfsport. Das liegt ihm mehr. Der Halbwüchsige redet nicht gerne.
53 Er haut lieber drauf.

54 Es geht oft um Ehre bei Freddy. Mit 14 die erste Körperverletzung. Die
55 Familie versucht auf ihn einzuwirken, aber Freddy hört nicht. Er heuert in
56 einer Fabrik an. In der Freizeit fährt er Motorrad. Wer ihn provoziert,
57 kriegt eins aufs Maul. Es gibt öfter Ärger mit der Justiz, aber Freddy
58 kommt immer wieder mit einem blauen Auge davon. Ein Leben an der
59 Schmerzgrenze, eines mit vielen Stopps, aber ohne Halt.

60 Freddy Gruber heiratet, wird Vater. Er beginnt, mehr zu trinken, als er
61 vertragen kann. Seine Frau trennt sich von ihm. Irgendwann gibt es eine
62 neue Partnerin. Sie leben zusammen, renovieren gemeinsam ein Haus. Die
63 Beziehung geht von ihr aus in die Brüche. Freddy sieht sie mit einem an-
64 deren Mann. Er kann schlecht mit Niederlagen umgehen. Auf der Straße
65 stellt er seine Exfreundin zur Rede. Es kommt zum Streit. Diesmal bre-
66 chen alle Dämme. Freddy zückt ein Klappmesser, das sie ihm ein halbes
67 Jahr zuvor geschenkt hatte, und sticht zu. Danach geht er zum nächsten
68 Polizeiposten und stellt sich. Das Opfer erliegt im Krankenwagen seinen
69 schwere Verletzungen.

# Der Anwalt plädiert auf Totschlag

Seitdem ist Freddy Gruber im Gefängnis. Erst Stammheim, dann Heimsheim. "Vielleicht hätte man mich schon früher wegsperren sollen", sagt er. "Dann wäre es nicht so weit gekommen." Sein Anwalt hatte auf Totschlag plädiert, das Gericht schickte ihn wegen Mordes lebenslänglich hinter Gitter. "Das Urteil war hart, aber gerecht."

Solche Bekenntnisse wären dem alten Freddy nicht über die Lippen gekommen. "Er hat sich um 160 Grad gedreht", sagt die Sozialarbeiterin Andrea Majer, die ihn seit elf Jahren betreut. Unzählige Gespräche hat sie mit dem Affektstürmer geführt. "Er hat jetzt verstanden", sagt sie, "dass nicht die Welt sich ändern muss, sondern er."

Ein langer Weg, einer mit Kurven und Bodenwellen. Als Freddy Gruber 1998 in die Justizvollzugsanstalt einfährt, lässt er sich Beruhigungsmittel verschreiben. Er ist im Erstvollzug, das heißt Premiere. Gruber hat keine Erfahrung mit dem Knast. In seiner Zelle destilliert er heimlich Alkohol. Alles, was ihn zudröhnt, wirft er ein. Er will vergessen, nicht denken. "Lebenslänglich" klingt für ihn nach "ein Leben lang".

Bei einer Sozialtherapie im Vollzugskrankenhaus auf dem Hohenasperg begegnet ihm ein Gefangener, der seit 29 Jahren inhaftiert ist. Gruber wird nachdenklich. Einmal sitzt er Heinrich Pommerenke gegenüber. Solche Kaliber sind hier seine Gesellschaft. Pommerenke hat vier Morde gestanden, sieben Mordversuche, 25 versuchte Vergewaltigungen. Pommerenke ist krank. Er weiß, dass er im Knast sterben wird.

03 Freddy Gruber rebelliert. In den ersten Monaten sieht es nicht danach

04 aus, als würde er sich ändern. Immer wieder stänkert er im Gefängnis,

05 bekommt Freizeitsperren und andere Disziplinarstrafen. Das macht wenig

06 Eindruck auf ihn. Freddy prahlt mit seinen alten Tätowierungen auf der

07 Brust. "ACAB" steht dort in dicken Lettern. "All cops are bastards." Das

08 kommt nicht gut an bei den Vollzugsbediensteten. Eines Abends ist er

09 hungrig und verlangt im Halbsuff "etwas zu fressen". Ein Beamter

00 schließt die Luke in der Zellentüre und klemmt ihm dabei zwei Finger ein.

01 Freddy Gruber ruft nach einem Arzt, und als sich die Türe öffnet, fährt

02 dem diensthabenden Beamten eine Faust ins Gesicht. Danach stürmen

03 zehn Uniformierte in die Zelle. Der Schläger landet in Einzelhaft.

04 Wenn es einen Moment gibt, der ihn verändert, dann ist es dieser. Gruber

05 trifft Gruber. Ein neuer Blick auf sich selbst. Er weiß, dass sich etwas

06 ändern muss, weil er sonst an seinem Lebenslauf zu ersticken droht. "In

07 dieser Zelle hat es Klick gemacht", sagt der Langzeitgefangene. Er be-

08 schließt, nicht mehr zu trinken. Auch mit den Tabletten soll endlich

09 Schluss sein.

10 Freddy Gruber meldet sich im Gefängnis für eine Lehre als Drucker. Im

11 kleinen Kreis beginnt er zu erzählen. Mit Psychologen arbeitet der Ge-

12 fangene sein Leben auf. Sie machen Rollenspiele, manchmal kitzeln die

13 Therapeuten den alten Haudrauf in ihm. Gruber lässt sie zu Orten in sich

14 vordringen, denen sich früher keiner gefahrlos nähern konnte. Das macht

15 ihn ruhiger. Er bringt eine andere Saite in sich zum Klingen. Auf der Gi-

tarre studiert er Songs mit Gefühl ein. "Lady in Black" von Uriah Heep. "Dust in the Wind" von Kansas.

Zweimal im Monat bekommt er Besuch von den Geschwistern. Sie stehen zu ihm. Es gibt auch eine Freundin. Er kannte sie von früher. Sie hat ihn nicht vergessen und auch nicht fallenlassen. Beziehungen über Stacheldraht hinweg sind schwierig. Wenn einer im Knast sitzt, kann es passieren, dass er zu Hause anruft, und wenn keiner abnimmt, weil auf der Autobahn Stau ist, tanzen die Bilder im Kopf. Mit wem ist sie unterwegs? Das kann einen fertigmachen.

Auf dem Stockwerk E2 Süd ist Freddy Gruber der Dienstälteste. Länger wohnt hier keiner. "Die Beamten auf dem Stock sind in Ordnung", sagt er. Der Schwerverbrecher macht ihnen keinen Ärger. Er schwimmt mit. Morgens, 6.30 Uhr, abrücken zur Arbeit. 11.45 Uhr zurück. Mittagessen in der Zelle. 12.30 Uhr Gefängniswerkstatt. 15.45 bis 16.45 Uhr Hofgang. Das ist der Takt hinter tausend Eisenstäben.

Draußen gehen die Uhren anders. Manchmal hat er ein bisschen Angst vor der freien Welt, die ihn erwartet. Das Tempo ist schneller geworden. Es wird ihm bewusst, wenn er die vielen Kreisverkehre sieht, die es früher nicht gab. Neulich durfte er mit seinem Werkstattmeister zu einem Kunden fahren. "Gib mal die Adresse ins Navi ein", sagte der Handwerker. Gruber stand vor dem Gerät wie der Ochs vor dem Berg. "Plötzlich hat da eine Frauenstimme aus dem Ding mit mir gesprochen!"

38 Vielleicht hat das Gefängnis aus Freddy Gruber einen besseren Menschen
39 gemacht. Das ist eher die Ausnahme als die Regel. Frau Majer glaubt an
40 ihn. "Er wird vermutlich nicht mehr straffällig werden." Mit ihrer Zuver-
41 sicht ist sie nicht allein. Der Antrag auf gelockerten Vollzug hat alle Hür-
42 den genommen. Justizministerium, Staatsanwaltschaft, Strafvollstre-
43 ckungskammer.

44 Zu Hause gibt es ein Netz, das Freddy halten kann. Sein Bruder hat ihm
45 bei sich eine Dachgeschosswohnung eingerichtet. Für die Zeit nach dem
46 Sommer, wenn Freddy Gruber wie geplant ins Freigängerheim einzieht,
47 hat er schon einen Platz auf der Meisterschule. Auch die Zusage für einen
48 Job danach liegt vor. Es gibt Straftäter mit schlechteren Perspektiven.

49 Die Familie des Opfers wird anders darüber denken. Freddy Gruber hat
50 ein Leben ausgelöscht. Seine frühere Partnerin hatte keine Chance. Er
51 bekommt eine. Das ist schwer auszuhalten, wenn man einen geliebten
52 Menschen verloren hat. Was ist, wenn er doch irgendwann wieder aus-
53 rastet? Einen Straftäter zu entlassen ist immer auch ein Versuch an der
54 Gesellschaft.

55 Mit Frau Majer arbeitet Freddy Gruber daran, sich denen zu stellen, die
56 seinetwegen in Abgründe blickten und es vielleicht noch immer tun. Er ist
57 weit gekommen, aber es liegt auch noch ein hartes Stück vor ihm. "Ich
58 kann die Zeit nicht zurückdrehen", sagt er. "Ich kann nur sagen, dass mir
59 das heute nicht mehr passieren würde."

Es ist spät geworden über seiner Geschichte. In Heimsheim endet der Hofgang. Der Abend verliert sich an einem Ort, an dem Raum und Zeit verschmelzen. "Ich wollte früher immer anders sein als die anderen", sagt der Gefangene zum Abschied. "Das will ich jetzt nicht mehr." Im Oktober 2013 wird Freddy Gruber entlassen.